Una Base Para la Filosofía y la Educación

Una Base Para la Filosofía y la Educación

Samuel D. Rocha

CASCADE *Books* • Eugene, Oregon

UNA BASE PARA LA FILOSOFÍA Y LA EDUCACIÓN

Copyright © 2019 Samuel D. Rocha. All rights reserved. Except for brief quotations in critical publications or reviews, no part of this book may be reproduced in any manner without prior written permission from the publisher. Write: Permissions, Wipf and Stock Publishers, 199 W. 8th Ave., Suite 3, Eugene, OR 97401.

Cascade Books
An Imprint of Wipf and Stock Publishers
199 W. 8th Ave., Suite 3
Eugene, OR 97401

www.wipfandstock.com

PAPERBACK ISBN: 978-1-5326-4248-7
HARDCOVER ISBN: 978-1-5326-4249-4
EBOOK ISBN: 978-1-5326-4250-0

Cataloguing-in-Publication data:

Names: Rocha, Samuel D.

Title: Una base para la filosofía y la educación / by Samuel D. Rocha.

Description: Eugene, OR: Cascade Books, 2019

Identifiers: ISBN 978-1-5326-4248-7 (paperback) | ISBN 978-1-5326-4249-4 (hardcover) | ISBN 978-1-5326-4250-0 (ebook)

Subjects: LCSH: Education. | Philsophy.

Classification: LB885 R74 2019 (print) | LB885 (ebook)

Manufactured in the U.S.A.   10/23/19

CONTENTS

NOTA DEL TRADUCTOR

EL ACTO DE TRADUCCIÓN conlleva una serie de implicancias que van más allá del intercambio de una palabra en un idioma por su equivalente en otro. Como en todo ámbito disciplinar, y la educación no es una excepción, el saber académico y la subjetividad del sujeto en su ser y estar se funden en un acto constante de interpretación y re-interpretación.

En este sentido, al traer este texto al mundo hispanohablante, tuve que hacer uso de una licencia poética para sostener no sólo el sentido y significado, sino también el ritmo y la métrica del discurso, más allá de la especificidad de las palabras. Así, hubo que tomar decisiones y consensuar la adición, eliminación y selección de términos y frases.

Por ejemplo, una palabra clave en el título de este libro en inglés (*primer*) y su derivación a lo largo del texto (*to prime*) constituyó un primer desafío. No existe un término con un equivalente directo en español, pero hay una serie de palabras que se acercan y describen el acto de preparar una superficie para su posterior pintado: `base´, `sellante´, `fijador´. Como ninguna de ellas recoge por sí misma el sentido completo, utilizo varias de ellas dependiendo del contexto, a fin de aclarar que estamos hablando tanto de un sustantivo (una base) como de un verbo (la acción de preparar una superficie con dicha base para un proceso posterior).

Para referirme al idioma, hubo también que llegar a un conceso en torno al uso del término `castellano´ o `español´ en el capítulo 9. Mientras que en Chile y Argentina es común usar el término `castellano´ para distinguir la existencia de otras lenguas españolas como el catalán, el gallego y el euskera, se optó por el uso de `español´ pues es el término que resulta más familiar para la mayoría de los hispanohablantes.

Por otro lado, a lo largo del texto (capítulos 3, 8, 9, 10) encontramos la distinción entre "*education*" y "*schooling*". Mientras que el primer término es utilizado aquí para referir a la *formación*, el segundo se refiere a las prácticas y protocolos institucionalizados de una organización socio-política (la escuela), los cuales pueden no ser necesariamente calificados como educativos en el sentido más profundo del término. En estos casos utilizo las palabras `escuela´, `escolaridad´ y `escolarización´, según corresponda al contexto.

Tal como Samuel Rocha hace un esfuerzo pedagógico por hacer de la filosofía y la educación algo accesible para sus estudiantes en el mundo anglosajón, destacando lo substancial y universal de estas prácticas, la traducción de esta edición al español es también un acto para no sólo acercar ideas, sino también mundos, posibilidades y vida.

Fernando Murillo
Vancouver, British Columbia, Canadá
2018

PREFACIO

La definición de 'primero' es la que mejor corresponde a la palabra '*primer*' en inglés, presente en el título de la primera versión de mi libro *A Primer for Philosophy and Education*. Resulta que la palabra 'primer,' tanto en inglés como en español, se refiere a lo que viene primero. Todavía más, lo primero se refiere a lo anterior, una base, lo que se sitúa antes y por debajo. Las primeras cosas se sitúan desde su aparición en el pasado hasta su posibilidad en el futuro. De este modo, la palabra 'primer,' en su sentido numérico y secuencial, nos lleva al orden. Orden no solo es lo que ocurre primero en un proceso o desarrollo, sino más bien aquello que tiene una importancia fundamental y que se merece prioridad de atcn ción. Lo primero no solo es una relación al tiempo abstracto, es también una realidad concreta.

Lo primario nunca desaparece en lo secundario. A fin de cuentas, un inicio o nacimiento, las primeras cosas, cualquier comienzo, toda revelación de lo original y lo nuevo permanece para siempre. Lo primero se queda en todo, en su base. Debajo de cada flor que nace en la primavera hay una raíz enterrada, un fundamento profundo. Esta raíz nace de la semilla que muere para florecer en vida, color, alimento y perfume. Del mismo modo, lo primero permanece siempre y nunca se debe dejar en el olvido.

En este libro se rechazan todas aquellas formas de filosofía y educación que desprecian a lo primero. Dicho rechazo se fundamenta en un método, en una manera de iniciar el trabajo con base en los sentimientos, seriedades, preguntas y herramientas que considero necesarios. Desde allí se pasa a describir lo primario en el sentido de lo que importa y también lo que no importa.

No sé si el lector pueda aceptar todo lo que como autor propongo; por supuesto mis ejemplos y argumentos tienen límites. Sin embargo, espero lograr comunicar que este rechazo de lo superficial y respecto de lo primero en su sentido más básico e interior es una decisión mortal. Las ideas que aquí expreso van dirigidas primordialmente a todo tipo de educadores: maestros, directores, sacerdotes, ministros, padres y madres de familia. Los educadores son raíz y semilla.

De una manera especial y personal, quiero mencionar que esta traducción al español es la versión que habría podido leer mi abuelito Rocha (que en paz descanse), a quien este libro está dedicado. Escribir en mi idioma ancestral es algo poco común para mí, pero espero hacerlo más en el futuro. Cuando uso el español a veces siento que estoy conversando con él.

Por ayudarme a traer mis palabras del inglés al español, agradezco a mis queridos amigos hispanohablantes y, en particular, a mi estudiante, Fernando Murillo, por traducir mi libro con mucha paciencia y ternura. También quiero agradecer a la editorial Wipf and Stock, por su continuo apoyo a mi trabajo y a mi hermana Ana María Rocha por el uso de su arte. Aunque ahora uso mi nombre estadounidense, en esta ocasión me despido usando mi nombre mexicano, el nombre que usé cuando era niño, en la escuela primaria.

Samuel David Rocha Montaño
University of British Columbia
Vancouver, British Columbia, Canadá
17 de abril, 2018

1

INTRODUCCIÓN

¿HAS PINTADO ALGO? Si lo has hecho (y lo hiciste
bien), entonces tal vez ya sabes lo que es una "base"
(también conocida como `fijador´, `preparador´
o `sellador´).

Para aquellos que
no están tan familiar-
izados: antes de pintar
apropiadamente una
superficie –ya sea de
un auto, una casa o un
mueble– lo primero
que hay que hacer es
prepararla con una
base. Según corres-
ponda, el proceso de
preparación incluye
varias tareas prelimi-
nares: barrer, lavar,
lijar, cepillar, etc. Una
vez que estos pasos

previos han sido realizados (y realizados bien) lo primero que se le aplica a la superficie se llama "base".

Dicho de otro modo, uno debe "preparar" la superficie con una base o fijador antes de poder aplicar la pintura. Trata de acostumbrarte a esta lógica de muñecas rusas o de capas de una cebolla. Este proceso de preparación preliminar es esencial; facilita que la superficie sea receptiva a las capas de pintura que vendrán luego. A esto es a lo que apunta la palabra `base´. Esto es lo que intenta mostrar y describir. Para ser aún más claro: el término `base´ se refiere a la etapa preparatoria que permite que el trabajo se pueda hacer bien. Efectivamente es posible pintar sin usar una capa de base previa, pero ese sería un trabajo mal hecho y, a la larga, un desperdicio.

Si quieres hacer un trabajo serio, es necesario que prepares tu superficie con una base. Esto no es un juego. Cuando uso el término `serio´, no estoy intentando excluir el humor o el "pasarlo bien". En algunas ocasiones la única cosa seria que podemos hacer es relajarnos. Alguien que se toma la vida con demasiada seriedad no está siendo lo suficientemente serio. Tomar las cosas en serio significa tomarlas tal como son y tratarlas como corresponde. Hay que echarle ganas para hacer las cosas bien.

Imagina un corredor que no se prepara, que no come adecuadamente y no se hidrata lo suficiente antes de una maratón. Este corredor sería un fraude, una decepción; esta es una persona poco seria y que no logrará ser competitivo. No está preparado. No seas como este corredor mal preparado. Tómatelo en serio. Prepárate. Para hacer las cosas con seriedad, tienes que estar dispuesto a trabajar duro.

Si no eres lo suficientemente serio con la filosofía, es muy poco probable que lo seas con la educación. Y lo mismo al contrario. Los corredores serios también deben descansar; una preparación excesiva resulta tan poco seria como una preparación deficiente. Del mismo modo, uno no puede quedarse en la etapa de preparación por demasiado tiempo. Pero lo que importa aquí no es el proceso de preparación en sí mismo; nuestro foco está en el trabajo de la filosofía y la educación.

Si el trabajo y el arte de estos dos oficios no te interesan, entonces no deberías ni siquiera empezar. La falta de interés engendra falta de seriedad. Por ahora resulta mejor que te retires y busques algo que puedas hacer con seriedad. Pinta una casa o corre una maratón. Aprende y desarrolla un dominio en un arte que, aunque sea diferente en lo externo, sea del mismo valor interno.

Cuando una superficie de madera ha sido preparada adecuadamente, se vuelve más receptiva a la capa de pintura que recibirá. Está lista para absorber pintura o barniz, pero esa absorción no ocurre sin resistencia. Piensa en la madera como si fuera una esponja, una esponja muy dura y poco absorbente. La preparación incluye lucha y resistencia. No es pasiva. Aunque considero importante que te prepares con una base para recibir la pintura de la filosofía y la educación, no pretendo que tal preparación implique tu pasividad ni tu adoctrinamiento.

Una madera que ha sido preparada con base y sellante también opone resistencia, permitiendo que la superficie sea pintada, pero no más allá de eso. Al menos no todavía. Sólo algo mucho más potente como el fuego, termitas o una inmersión prolongada en el agua puede llegar hasta su centro. Esto debería aclarar lo que pido de ti, pero también lo que no estoy pidiendo. La base es como la piel. Todavía no llegamos al fondo, al corazón.

Como habrás podido darte cuenta, esta base para la filosofía y la educación utiliza la expresión `base´ de manera bastante literal: tiene la intención de prepararte para ser receptivo –de una manera apropiada– a los contenidos filosóficos y educativos que vienen a continuación. Espero que esta base o preparación previa te ayude a evitar hacer un trabajo de segunda mano, un trabajo desapasionado. Asimismo, espero que sea una invitación a tomar con seriedad la filosofía, la educación y, ojalá, cualquier otra cosa que emprendas en la vida.

Una idea y una pregunta

Piensa en alguna ocasión en que tuviste que hacer un trabajo de preparación para algo. No necesariamente tiene que ser con madera o con tu mente. Puede ser cualquier cosa.

¿Qué ocurrió?

2

PREPARAR Y PINTAR

Preparar una superficie con un sellador o base para pintura puede parecer irónico. Parece ser idéntico al acto de pintar porque ambas acciones conllevan aplicar una substancia con una brocha sobre una superficie.

Tal como hemos visto: después de la preparación preliminar, se aplica el sellador o base con una brocha, con el mismo movimiento con que después se aplicará la pintura. En este sentido, "sellar" es simplemente una manera de "pintar" - pintar con un sellador. Por esta razón, la aplicación de sellante y de pintura pueden confundirse, aunque, desde algún punto de vista, parecen ser la misma cosa.

La diferencia es, por supuesto, que hay una distinción, y un ordenamiento general, entre pasar una brocha con sellador ("sellar") y pasar una brocha con pintura ("pintar"). Que yo escriba y que tu estudies este libro es filosofar y educar, pero hay una diferencia entre filosofar y educar con "sellador" y filosofar y educar con "pintura". Este libro debería lograr ambas cosas: la preparación y el pintado.

Por ejemplo, imagina que estás preparando una pared para pintarla y alguien entra y te ve. La persona podría fácilmente pensar que estás pintando. ¿Y quién podría culparla? Estás sosteniendo una brocha o rodillo, metiéndolos en una bandeja con algo que parece pintura, dejando la pared con un color diferente, en fin, haciendo que se vea distinta. Si esa persona te preguntara qué estás haciendo, sería difícil que no le dijeras que estás pintando. Pero la verdad sería algo más preciso: estás preparando en un sentido y pintando en otro. El único sentido en el que estás pintando es en el *uso* de la brocha, en los movimientos externos. Sin embargo, el orden y la secuencia de tu trabajo dan cuenta de una verdad más sutil.

Estas son las complejidades de una base o "sellador" de la filosofía y de la educación: aunque solo estoy aplicando sellador, pareciera que estoy pintando. La preparación es performativa. Debido a estas ironías es posible que sientas que esto es un poco absurdo y quizás sientas frustración al leer largamente sobre esta base. Si es así, por favor persevera. Tener estos sentimientos es natural en todo tipo de trabajo que es serio y que vale la pena. Según me han dicho, correr una maratón se siente absolutamente absurdo y es tremendamente frustrante– al menos al principio.

Algunas ideas y preguntas

Piensa en dos casos en que la preparación se parezca mucho al desempeño real de una acción performativa.

¿Qué situaciones son esas? Descríbelas.

¿En qué sentido parecen idénticas y en qué sentido son cosas distintas?

3

FILOSOFÍA Y EDUCACIÓN

Todos hemos tenido algún tipo de contacto directo con la educación. Cualquiera que esté dispuesto a mirar, se dará cuenta que la educación es algo bastante habitual, común y corriente y pertinente para todos. Nadie puede renunciar a la educación. No existen los desertores. Todos somos educados de una forma u otra; siempre lo hemos sido y lo seguiremos siendo. No hay excepciones. La educación es algo cotidiano y constante.

Para probar esto, hazte las siguientes preguntas: ¿Quién no ha sido educado de alguna manera? ¿Cuándo no está habiendo educación? ¿Dónde hay total ausencia de educación?

¿Te das cuenta?

Hemos sido, fuimos y seguiremos siendo educados de variadas maneras a lo largo de nuestras vidas. Hay muchos tipos de educación – explícita e implícita, convencional y no convencional, nueva y antigua, bonita y fea, familiar y bizarra, justa e injusta, buena y mala – pero la realidad misma de la educación es algo singular e inevitable.

Para bien o para mal, la educación ocurre de manera constante y de forma indiscriminada. Es el agua en la que nadamos, el aire que respiramos, la tierra que pisamos. Del mismo modo en que el cuerpo respira, la educación ocurre sin una intención voluntaria, consentimiento o atención especial.

Quizás es debido a esta familiaridad que la gente por lo general se siente más cómoda con la temática de la educación que con la de la filosofía. Si eres maestro o has sido estudiante, es posible que te sientas más a gusto hablando de educación debido a tu supuesta experiencia con ella; mientras que la filosofía puede aparecerte intimidante o confusa por percibirla como algo demasiado diferente o incluso foráneo.

En tu preparación para la filosofía y la educación, te pido que consideres la relación entre ellas exactamente en la dirección opuesta. Puede que pronto te des cuenta que en realidad tienes una mayor familiaridad consciente con la filosofía que con la educación. Esto puede parecer extraño, pero tiene que ver con la idea de que las cosas no son siempre lo que parecen. Al final, es posible que llegues a descubrir que en realidad has tenido una relación cercana e íntima con ambas, una relación incluso simultánea.

Una cosa en la que debes poner atención es la siguiente: cuando uso la palabra `educación´ no estoy refiriéndome exclusivamente a la enseñanza escolar formal y obligatoria. De hecho, no creo que los términos `educación´ y `escuela´ sean sinónimos.

La educación no está exclusivamente contenida dentro de una sala de clases o dentro de un edificio. Sin duda, la educación puede ocurrir dentro de una escuela, pero también ocurre fuera de ella.

La educación no puede ser institucionalizada ni puesta dentro de un corral. Si para ti la educación solo se relaciona directamente con la escuela, es muy posible que encuentres este libro bastante confuso. Si solo te interesa la escolarización formal, quizás incluso consideres que este libro no tiene sentido o que es una tontería. En cambio, si el arte de la enseñanza es importante para ti, tendrás que considerar que la educación es más que escolaridad. Una enseñanza marcada por la belleza requiere un interés filosófico explícito en la educación en su sentido más amplio. Un maestro o maestra con talento siempre logra ver más allá de lo que la institución o la profesión le prescribe. Todo educador digno de llevar tal nombre ve primero a la *persona*. En este sentido mínimo, todos podemos esforzarnos por llegar a ser maestros; para algunos de nosotros, la enseñanza es una vocación.

Insisto: la educación no puede ser domesticada en una escuela o corral. Debido a que es tan amplia y hasta salvaje, la educación es tremendamente difícil de describir. En contraste, la filosofía es más simple.

Quizás allí radique la relevancia de la filosofía para la educación: la filosofía nos ayuda a comprender la educación. Estos experimentos filosóficos, a su vez, nos educan. En el momento en que somos educados empezamos a experimentar vivencialmente el trabajo filosófico. De ahí que la educación y la filosofía se complementan mutuamente.

Algunas ideas y preguntas

Piensa en al menos tres situaciones en las que sentiste que estabas siendo educado. Es decir, situaciones en las que recibiste algún tipo de educación, pero que no haya ocurrido en un contexto formal como el de una escuela o sala de clases. ¿Dónde estabas? ¿Qué ocurrió?

4

FILÓSOFOS Y FILOSOFÍA

Para prepararte específicamente para la filosofía –y, siguiendo con nuestra metáfora, aplicar el sellante filosófico para luego pintar con pintura– primero debes poner atención a los asuntos preliminares. Prepara tu mente. Lávala de cualquier desecho, raspa cuantas pretensiones y presuposiciones innecesarias puedas y lija la superficie hasta que queda limpia pero no demasiado receptiva ni mucho menos vacía.

Examínate. Busca aquellos lugares que necesiten un tratamiento preliminar: tu ego, los libros que has leído, las noticias, tus gustos y preferencias, ideologías políticas, religiosas y teorías que te molestan. No se puede esperar hacer nada bien sin la preparación necesaria, y la filosofía no es la excepción.

Si eres nuevo en el mundo de la filosofía, y es algo que te resulta completamente ajeno, ánimo: es muy posible que tengas una mejor disposición para el proceso de preparación filosófico que aquellos que ya están familiarizados con él. No traes equipaje, ni capas duras y sedimentadas que haya que remover. En cambio, si te sientes cómodo en la filosofía, ten cuidado. Es posible que muchos de tus supuestos sean en realidad un impedimento para el proceso de preparación.

La mayoría de ustedes son nuevos en el tema. No estoy diciendo esto como un insulto o por ser condescendiente. Sospecho que la mayoría son nuevos en esto porque la mayoría de la gente ya no estudia filosofía. Estudian filósofos. Muchos de los llamados filósofos de hoy no escriben ni enseñan filosofía. Escriben y enseñan acerca de filósofos que, alguna vez, escribieron y enseñaron filosofía. La mayoría del trabajo en filosofía es en realidad de segunda o incluso de tercera mano.

No hay nada de malo con este tipo de filosofía "heredada". No hay nada de malo, claramente, mientras no se confunda con filosofía original, primaria. La historia es importante. La biografía también. Se trata simplemente de mantener el orden apropiado entre cosas distintas –comprender, por ejemplo, la diferencia entre una biografía y una autobiografía.

No tengas miedo de leer filósofos (al fin y al cabo, estás leyendo a uno ahora mismo) o incluso de leer filósofos que escriben sobre otros filósofos; sin embargo, no pienses que eso necesariamente es hacer filosofía –aunque en algunos casos ésta requiere entablar diálogo con el pensamiento de otro filósofo. Nunca te pierdas, a menos que estés haciéndolo para encontrarte. Lo más lejano es siempre lo más íntimo.

Para comprender el aspecto filosófico de esta base, debes entender la diferencia entre la filosofía y los filósofos. Sin embargo, no asumas demasiado respecto de lo que esa diferencia implica. Todo lo que quiero decir es esto: existe una clara diferencia entre un poeta y un estudioso de la poesía. Por supuesto, podría darse el caso en que el estudioso de la poesía sea también, además de su experticia académica, un poeta. Ambos roles son importantes, pero también cada uno es único y particular en formas que no deberían ser homologadas.

No caigas en el error de pensar que saber muchos datos –como nombres y fechas– acerca de filósofos implica estar familiarizado de manera seria con la filosofía. La erudición no es necesaria para una filosofía original.

Existe una diferencia entre la historia de la filosofía y la filosofía de la historia. Al menos en el sentido más básico hay una diferencia de énfasis. La primera (historia de la filosofía) es de carácter histórico; busca dar cuenta de las ideas del pasado. La segunda (filosofía de la historia) es filosófica; es una reflexión acerca de qué es la historia. Ambas tienen valor, son aportadoras e incluso en muchos casos complementarias; pero solo una es principalmente filosofía.

Para esto no necesitarás cantidades enciclopédicas de autores, títulos de libros o vocabulario especializado. Sólo necesitarás una mente clara y curiosa, y un corazón lo suficientemente apasionado y vivo para sostener y alimentar una imaginación aguda e inquieta.

No ignores tus emociones o deseos, pero aprende a percibir la diferencia entre aquellos que son triviales y los que son sublimes, entre los que son serios y los que no lo son, y procede de manera apropiada. Tus deseos de vivir, de comprender, de enamorarte son magníficos. Tus sentimientos más superficiales de comodidad, autoestima y cosas por el estilo son, usualmente, triviales.

En otras palabras, no hay herramientas especiales, exclusivas o extraordinarias para la filosofía. Ésta no es el trabajo de genios, magos, virtuosos o súper humanos. Tú ya tienes todo lo necesario dentro y alrededor de ti. No hay ninguna superstición necesaria para la filosofía. No hay encantamientos. Todo es tan corriente como el mundo mismo. Sin embargo, lo que es perfectamente habitual te puede sorprender de vez en cuando como algo espléndido y terriblemente extraño, desconcertante y misterioso.

Lo común y corriente, cuando se le mira con cuidadosa atención, es extraordinario en sí mismo y nos educa.

Un pensamiento y algunas preguntas

Piensa en otra comparación que se parezca a la distinción que hicimos entre filosofía y filósofos ¿Qué podría ser? ¿De qué manera se parece a mi distinción?

5

CORDELIA

Shakespeare cuenta una historia en *El Rey Lear* (mi tragedia favorita de Shakespeare) que puede ilustrar lo que quiero decir cuando digo que la filosofía es algo completamente ordinario.

En la primera escena encontramos al rey Lear dividiendo su reino entre sus tres hijas. Antes de revelar qué porción del reino le corresponde a cada una, el rey le pide a cada hija que diga, frente a su corte, cuánto ama a su padre. La primera hija da un discurso largo, elaborado y elocuente. La siguiente deja pequeña a la primera con un discurso aún más elaborado que el anterior. Y luego viene el turno de la tercera hija, Cordelia. Ella se rehúsa a competir con sus hermanas. Al principio no dice nada, pero luego de que su padre insiste, ella declara: "te amo de acuerdo a mi deber, ni más ni menos". Su corta y modesta respuesta enfurece al rey Lear y echa a andar el resto de la obra. Al final de la historia, Cordelia es reivindicada como la única hija que realmente amó a su padre.

Lo importante de esta historia es la respuesta de Cordelia. Ella es un modelo de lo que la filosofía y la educación tratan de hacer. Tanto la filosofía como la educación, cada una en su propio modo, intentan describir las cosas mostrando lo que parecen ser. Mientras más descriptivo puedas ser, mejor. Esto es precisamente lo que hay de verdad en el cliché que dice que "una imagen vale más que mil palabras". En el ámbito de la escritura, el *dictum* "no digas, muestra" expresa el mismo sentido y verdad.

El arte de la descripción salta claramente a la vista en la práctica de la educación de párvulos. Un buen educador puede describir cosas a los niños de manera simple, vívida, clara y perfectamente corriente. Si los filósofos pudieran ser la mitad de descriptivos de lo que es un excelente educador de párvulos, serían mucho mejores filósofos. Al menos la gente podría entenderlos un poco mejor.

Tanto la buena filosofía como la educación muestran cosas. La filosofía y la educación mediocre simplemente dicen cosas. La mala filosofía y la mala educación no logran ninguna de las dos cosas anteriores.

La enseñanza sigue el mismo principio.

Una enseñanza excelente tiene la capacidad filosófica y educativa de describir aquello que enseña. Una enseñanza promedio hace eso mismo pero de manera ocasional. Una enseñanza pobre, que apenas merece llevar el nombre "enseñanza", simplemente dice cosas pero no describe nada.

Cordelia tomó la decisión de describir su amor por su padre de manera directa, sucinta y corriente. Es posible que esto te parezca curioso o que lo consideres incluso como una falta de respeto – tal como lo tomó el rey Lear – pero la belleza en la respuesta de Cordelia está en la honestidad descarnada de su descripción. No tenía miedo. Dijo la verdad incluso sospechando que sufriría a causa de ello, lo que así ocurrió (su padre la desheredó). A pesar de su destino, Cordelia no estaba dispuesta a recibir una herencia a cambio de tener que fingir y dar una descripción deshonesta y exagerada acerca del amor verdadero. La simplicidad de Cordelia, como la de un excelente educador de párvulos, es un ejemplo importante para la filosofía y la educación.

"Te amo de acuerdo a mi deber, ni más ni menos". Esto es lo que la filosofía y la educación intentan hacer: mostrar las cosas tal como son, de la mejor manera posible. Ni más, ni menos. Y siempre hay más y menos para ser mostrado. Este incansable proyecto filosófico y educacional es siempre una obra de arte, esforzándose por llegar a una armonía, a una afinación y a un balance.

Cuando estés hablando, leyendo, escribiendo y pensando, trata de ser como Cordelia. Sé descriptivo. Intenta mostrar en lugar de solo decir. Cuando te estés preguntando qué te puede aportar una lectura, busca aquello que simplemente está ahí mismo. Cuando estés escuchando una clase o viendo una película no busques más de lo que ya está ahí, incluso si lo que está allí pueda ser descrito de mejor manera refiriéndose a lo que no está ahí, a la ausencia que está presente. Cuando hagas una pregunta, presentes un argumento o hagas un comentario, pon atención a la tarea descriptiva de la mejor manera que puedas.

Hay muchas maneras de ser descriptivo, muchas más de las que puedo nombrar aquí. Los buenos ejemplos son muy efectivos. Un argumento muy bien fundado puede mostrar muchas cosas. Las observaciones precisas y detalladas también funcionan muy bien. Las exploraciones intelectuales, en ocasiones, también pueden expresar algo con vívidos detalles. El buscar una excepción o un contraargumento puede ofrecer mucha claridad a una descripción. El considerar objeciones y posibles problemas –incluso si no estás de acuerdo con ellos– le añade rigor y credibilidad a tu descripción. No importa cuál sea tu ruta o tu estrategia, todas tus descripciones tienen que estar enraizadas en un esfuerzo sincero por mostrar algo. Muestra. No sólo digas. Muestra en vez de solo contar algo. Como mínimo, tienes que asegurarte de que estás diciendo *algo* y que también estás tratando de mostrarlo. Más allá de la forma en que lo hagas, *algo* tiene que estar en juego en tu descripción. Algo. Más que solo palabras: cosas.

Un ejercicio y una pregunta

Describe una cosa material que puedas observar directamente (por ejemplo, un objeto como una silla, una manzana, una moneda, o quizás hasta una de tus uñas) con el mayor grado de detalle que puedas, desde el ángulo en que lo estás viendo. Escribe tu descripción del objeto del mismo modo en que un pintor haría un cuadro de este o de la misma manera en que un fotógrafo compondría una fotografía de ese objeto. Edita tu prosa cuantas veces sea necesario y condénsala a una sola página, o menos.

¿De qué manera se puede comparar y contrastar la descripción de una cosa material y una descripción, como la de Cordelia, de amor verdadero?

6

COSAS

La filosofía y la educación describen cosas ¿Pero qué es una cosa? Esto no es algo que sea complicado de entender de manera preliminar, sin embargo, resulta casi imposible de responder de forma exhaustiva. Trata de pensar al respecto del siguiente modo: una cosa es algo. Cualquier cosa es algo. Todo lo que es, es algo. Y lo que es algo, es una cosa. Cualquier impresión que llegue a tus ojos físicos, o a los del corazón, es una cosa. Incluso aquellas cosas que no puedes ver ni imaginar, cosas a las que estás ciego, son cosas también. Todo aquello de lo que podemos hablar o pensar es, en cierto sentido, una cosa. En tanto que una cosa es algo, entonces no puede ser nada: es algo en lugar de nada.

Cualquier cosa es algo: si esto es cierto, entonces una cosa no puede ser nada. Una filosofía o una educación de nada es nihilista. El nihilismo (la nada misma) resulta antitético a la filosofía, a la educación y a la vida misma – a menos que consideremos que la nada misma es en sí misma una cosa, lo cual sería otro asunto.

Las preguntas ahora son ¿Cómo? ¿Cómo describimos las cosas? ¿Cómo las podemos mostrar? ¿Qué herramientas podemos usar?

Haz algo de metafísica

La palabra `metafísica´ se refiere a preguntas y asuntos relacionados a lo que es una cosa y por qué existe algo en lugar de nada. Otro término para este tipo de estudio es `ontología´, que se refiere más específicamente al estudio del ser. Esto, a su vez, se relaciona frecuentemente con otro término, `existencialismo´, el que, en términos generales, se refiere a los modos de ser que experimentamos como personas humanas. Un modo simple, pero útil, para pensar acerca de lo que es una cosa es agrupar cosas en dos listas o columnas: cosas que existen y cosas que no existen. ¡Inténtalo! Escribe dos listas de palabras que se refieran a cosas que, por un lado, existan, y que, por otro lado, no existan. Luego piénsalas bien ¡Estás haciendo metafísica!

7

LENGUAJE

Hay muchísimas herramientas que podemos usar para describir las cosas. Los músicos usan instrumentos musicales, los pintores utilizan pinceles y pintura, los escultores usan piedra y cincel. Las palabras son la herramienta que los filósofos y los educadores utilizan normalmente para describir cosas al hablar y al escribir. Aunque no siempre se den cuenta, también usan otras herramientas: sus cuerpos, su actitud, tonos, sonidos, y más. Aun así, su lenguaje sigue siendo central. ¡Pero ten muchísimo cuidado! El lenguaje puede ser tramposo y frecuentemente es una herramienta imprecisa. Puede crear toda clase de confusiones.

Recuerda esto: las herramientas que usamos para describir no son lo mismo que las cosas que esas herramientas están tratando de describir. Una herramienta no es igual a lo que trata de describir y mostrar.

Cuando te muestro algo utilizando una herramienta –como una guitarra resonando en un acorde menor; un pincel cargado con una espesa pintura azul marino; un cincel afilado sobre un mármol blanco; el teclado que estoy usando en este mismo momento para escribir estas letras, palabras y oraciones– no puedes confundir la *herramienta* que utilizo con la *cosa* que te estoy mostrando por medio del uso de tal herramienta.

Hay una diferencia entre una palabra y aquello que la palabra intenta describir. Es posible que haya una semejanza entre ellas en tu mente, pero semejanza no es lo mismo que equivalencia. Hay una diferencia entre un caótico solo de batería, que suena como una estampida, y una estampida de vacas corriendo en medio del lugar donde estás acampando. Hay una diferencia entre la pintura de un río, y las frías y cristalinas aguas de un rio en el que estás pescando. Hay una diferencia entre *La Pietà* de Miguel Ángel y una madre sosteniendo en sus brazos el cuerpo de su hijo fallecido. Una palabra no es lo mismo que la cosa a la que se refiere, incluso si esa palabra es bella, evocativa o correcta. La palabra es un signo, pero solo apunta a algo, no lo puede substituir.

Todo el mundo sabe que hay una diferencia entre el nombre de una cosa y la cosa que tal nombre describe. Si sabes otros idiomas, palabras rebuscadas y nombres elaborados, pero no sabes nada acerca de las cosas, entonces no sabes nada –nada aparte de idiomas, palabras rebuscadas y nombres elaborados.

Hablando en términos materiales, el lenguaje está hecho de palabras, del mismo modo en que las palabras están hechas de letras y las letras están hechas de sonidos, escritas en línea y color. Como las palabras son las herramientas descriptivas para nombrar, los nombres no son lo mismo que las cosas que intentan describir. Está el nombre y lo nombrado.

Sí, los nombres –y todos los otros aspectos del lenguaje, como la sintaxis y la gramática– son "cosas" en cierto sentido. Hay cosas ortográficas. Pero sólo son cosas en *ese* sentido cuando son auto-referenciales, cuando se refieren a ellas mismas. Por ejemplo, "palabras" es un término de ocho letras que puede ser usado para referirse a todas las cosas-palabras que colectivamente constituyen el lenguaje. Pero la palabra `palabras´, en su realidad más básica, es simplemente una serie de ocho formas, representadas en color, dispuestas una al lado de la otra en un plano horizontal.

Imagínate nombrar a tu hijo "Nombre" o que a ti mismo te hayan puesto por nombre "Nombre". "Hola ¿Qué tal? Me llamo Nombre". Puede sonar un poco raro, pero muestra aquello que estoy queriendo decir. Mi nombre, "Samuel", no soy yo; no es lo que yo soy. Mi nombre es una palabra para referirse a mí, no a la palabra mí, sino a la persona quien te escribe en este momento.

Esto es a lo que intento llegar: deberías ser capaz de reconocer la diferencia entre la palabra `perro´ y el perro que ahora mismo está cruzando la calle (¡Ten mucho cuidado, perrito!).

Fíjate, mira con detención: `perro´ es una *palabra*, una forma compuesta de cinco letras que, en esta tipografía, forman cinco figuras: cinco agrupadas en una línea horizontal, algo cuelga por debajo de la primera, con una línea vertical que apunta hacia el sur. Pero el perro que está cruzando la calle es un animal vivo.

Un ejemplo más: el abecedario español tiene veintisiete letras, pero la palabra `abecedario´ solo tiene diez, o incluso ocho si no contamos la repetición de las letras `a´ y `e´. Sin embargo, la diferencia entre la palabra `abecedario´ y el alfabeto español de veintisiete letras es indiscutible y no se debe confundir una cosa con la otra.

No confundas palabras por cosas, a menos que quieras enfocarte en las cosas que esas palabras son, como hice en los ejemplos anteriores (el ejercicio de describir el lenguaje es a lo que se dedica la "filosofía del lenguaje"). Siempre pregúntate qué cosa es lo que cualquier palabra está intentando describir. No empieces con nada más hasta que eso esté claro.

Esta es la razón por la cual las palabras son importantes: son tu instrumento- tu guitarra, tu pincel, tu cincel. Úsalas bien. Y recuerda, no hay ninguna palabra que sea la indicada o requerida de antemano para describir una cosa en particular. Muchas palabras (como la palabra `cosa´) son utilizadas para describir cosas diferentes, especialmente cuando las usamos al interior de contextos semánticos más amplios o más reducidos, de acuerdo a sus múltiples usos y convenciones.

Por ejemplo, mis hijos usan la palabra "chango" para referirse a un impulso en el columpio. Un "súper chango" se refiere a un gran impulso en el columpio y una "chango resbaloso" es un empujón que te hace salir volando del columpio y hacerte daño. "Papi, ¿me das un súper chango, por favor? ¡Pero no uno resbaloso!". También les gusta referirse a enroscar las cuerdas del columpio y girar en el con la palabra "chu-chu". "¡Mírame!, ¡voy a hacer un chu-chu GIGANTE!". Hacemos este tipo de cosas todo el tiempo. Las palabras son flexibles, así que no deberíamos asumir que las cosas a las que se refieren son fijas o estáticas.

Pero suficiente acerca de las palabras y el lenguaje. Suficiente acerca de las herramientas. ¿Qué es lo que sacamos de provecho con estas descripciones? Aún más importante es preguntar ¿Qué sacamos de provecho con la filosofía y la educación? Esta es simplemente otra forma de preguntarse: ¿Por qué deberías tomar esto en serio? ¿Por qué alguien tendría que tomar la filosofía y la educación con seriedad? ¿Qué es lo que nos ofrecen?

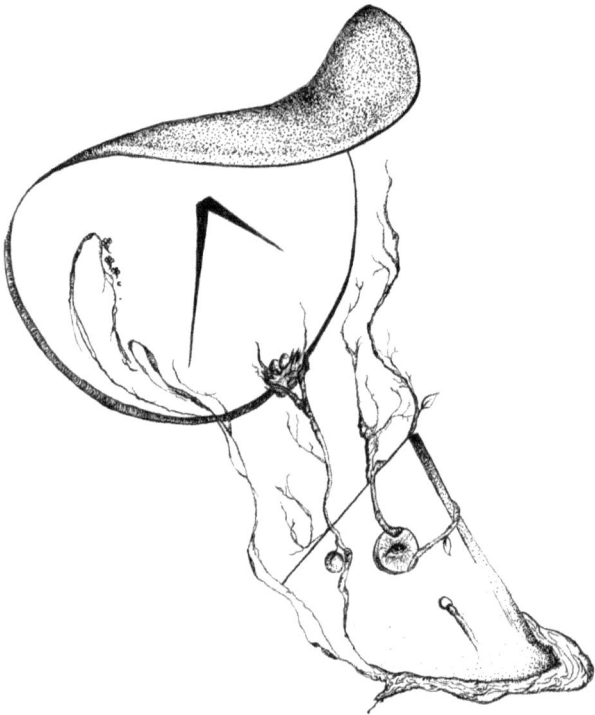

Un ejercicio (y una pista)

Del modo más simple que puedas, utiliza palabras para describir la diferencia entre las siguientes dos cosas en paréntesis: esta (. . . . . .) y esta (una línea de seis puntos).

(Aquí está la pista: simplemente describe cómo se ve cada cosa, su forma y color. Nada más, nada menos).

8

VALENTÍA

Primero, seamos claros con respecto a lo que no es provechoso de la filosofía y la educación, sobre aquello que no ofrecen a cambio: la filosofía y la educación no dan calificaciones, diplomas, títulos u otros subproductos institucionales.

Es bastante común que los estudiantes se esfuercen en algunas cosas como leer este libro u otras lecturas que les han sido asignadas, escribir ensayos, o asistir a clases con el único propósito de obtener una buena calificación. Hay personas que solamente van a clases para evitar una mala calificación. De lo contrario, gustosamente no irían a clase o la escuela.

En muchas universidades e institutos hay estudiantes a los que les importa más ser reconocidos por alguien a quien ni siquiera conocen (como el decano) y tener un promedio alto, que cualquier otra cosa realmente relacionada a su área de estudios. De hecho, muchas veces los estudiantes deciden precisamente entrar a "estudiar" una carrera por esas mismas razones. De seguro has escuchado de gente como esta, si es que no eres uno tú mismo. Tristemente, estas personas han sido condicionadas para pensar y actuar de esta manera por experiencias anteriores en instituciones escolares o de otro tipo.

Muchos de nosotros hemos llegado a internalizar las motivaciones que resultan de las recompensas y premios que ofrecen las instituciones. Pero nunca ha habido un niño pequeño al que le interese las calificaciones, los reconocimientos o los títulos.

Estudiantes como estos andan, por lo general, desmotivados, y se mueven por un sentimiento de obligación, por sentir que deben ir a clases, obtener buenas calificaciones y así obtener un trabajo respetable, tener buenas evaluaciones y posibilidades de ascenso, tener un sueldo más alto por tener un título profesional, entre otras. Esto es una alienación que viene como producto de huir de la alienación, de querer evitar decepcionar a la familia y a los amigos.

Hacer algo por miedo nunca resultará en éxito verdadero o un sentido pleno de realización porque, una vez que se ha ido el efecto de la novedad, el miedo permanece o regresa. Aun así, este no es un juego de ganar o perder; hay esperanza en medio de la tragedia y las motivaciones no son nunca tan puras como nos gustaría que fuesen, así como tampoco son las que movilizan todo nuestro actuar. No tiene mucho sentido estar asustado de sentir miedo, del mismo modo en que, de partida, tener miedo tampoco tiene mucho sentido.

Ser estudiante significa simplemente estudiar y un estudiante digno de ese nombre es alguien que estudia *apasionadamente* por amor al estudio en sí mismo. Aunque los objetos de estudio pueden variar, el amor por el rigor del estudio, la curiosidad, la atención, la memoria y la imaginación, permanecen.

Por supuesto que los estudiantes que asisten a una institución que asigna calificaciones deberían querer, hasta cierto punto, buenas calificaciones. Claramente no deberían querer obtener malas. Sin embargo, es importante que recuerdes que no hay que confundir este proceso institucional de acumular calificaciones, asistir a clases, valorar títulos, buscar trabajo y todo el miedo y los nervios que incluye ese proceso, con aquello que la filosofía y la educación te pueden ofrecer por medio de la práctica del estudio. Todos los que estudian, son estudiantes.

No enseño mis clases (ni escribo mis libros) para darte calificaciones o grados, incluso cuando reconozco que no son completamente triviales o irrelevantes ni para ti ni para mí. En realidad, bien podríamos hacer este mismo trabajo en el comedor de mi casa o en la biblioteca pública, sin calificaciones ni créditos. En cualquier parte se puede estudiar. Después de todo, los trabajos de la universidad a menudo se hacen mejor no cuando estamos en clase, sino en casa, en un café, en la biblioteca o en un parque. Estudiar fuera de la universidad no es la excepción, es más bien la regla.

La filosofía y la educación anteceden al sistema de educación formal por varios milenios. La educación formal no tiene el monopolio sobre el estudio de la filosofía ni de la educación. De hecho, la mayor parte de la filosofía y de la educación no ocurre dentro de los confines de una institución, sino en la única escuela a la que todos los seres humanos han asistido universalmente a través de la historia: el mundo.

Repito, la filosofía y la educación no tienen que ver con calificaciones o algún otro tipo de gratificación externa. Aun así, probablemente estás muy atento al hecho de que los cursos, por lo general, llevan una calificación. Pero ese no es el tema principal.

Si escribes, lees y participas en clase sólo con el propósito de sacar una buena calificación, probablemente vas a pasar por una serie de dificultades y malestares que no sufren aquellos que escriben, leen y participan por mejores motivaciones. Si te lo tomas en serio, vas a hacer el trabajo por amor al trabajo en sí mismo.

Recuerda a los que corren: los maratonistas serios no corren por dinero ni por los premios solamente; corren por correr. De la misma manera, no conozco a ningún educador preescolar serio que haya decidido entrar a la profesión sólo por estabilidad laboral, dinero o prestigio. Ellos enseñan con la dignidad de un artista: su arte –el arte de enseñar– es una recompensa en sí misma.

Es por esto que la profesionalización de los deportes muchas veces degrada y pervierte el arte y el gozo de hacer deportes, convirtiéndolo en algo que no es: un negocio, una ciencia, una competencia por recompensas y ganancias. Lo mismo ocurre en muchos otros ámbitos. El que juega bien, lo hace por amor al juego, nada más ni nada menos.

El problema con las calificaciones, los títulos y la escolaridad formal, en general, es que con frecuencia generan una cultura y una mentalidad de miedo, desconfianza y paranoia. Lo peor de todo es que corrompe lo que es realmente valioso, reemplazando aquello que es serio con una broma. No hay esperanza en un abordaje como este. Sería como enamorarse y casarse para pagar menos impuestos u obtener un mejor plan de cobertura de salud: los impuestos y esas cosas son una realidad inexorable de la vida, pero no constituyen una razón para enamorarse. Tener ciertos beneficios simplemente ocurre como condiciones incidentales. Incluso si los impuestos o el costo del plan de salud suben, el amor verdadero prevalecería frente a eso. Ni la muerte espanta al enamorado.

Del mismo modo, las buenas calificaciones también ocurren como feliz accidente.

La filosofía y la educación se centran en ser descriptivas y no deben ser desviadas de dicho propósito. Recuerda a Cordelia: a ella no le preocuparon las consecuencias negativas que podría tener su honesta descripción. No permitió que la tarea o la prueba se interpusieran en el camino de la verdadera tarea que tenía frente a ella.

Dijo la verdad.

Lee buscando la verdad. Escribe y habla para mostrar aquello que parece ser verdad. Haz preguntas para llegar a lo que podría ser verdad. No te conformes con calificaciones superficiales o con recompensas banales. No te dejes intimidar ni sobornar por la filosofía. No entres a carreras de pedagogía simplemente para mendigar nuevas posibilidades laborales o un sueldo estable.

No vivas con miedo. Se valiente como Cordelia. La filosofía y la educación requieren valentía.

Una confesión y una pregunta

En mi propia vida la valentía es algo poco común. No soy un cobarde completamente, pero tampoco soy totalmente valiente. Prefiero estar cómodo y la búsqueda de la comodidad por lo general me lleva a la cobardía. Mostrar valentía significaría tener que hacer cosas que no siempre quiero hacer, buscar y convivir con toda clase de incomodidades, malestares, e incluso sufrimiento. Por ello tiendo a esforzarme mucho para encontrar maneras para evadir los rigores de la valentía. ¿Y tú?

(En la siguiente sección, nos vamos a mover de la base a la pintura, de la preparación al acto de pintar, vamos a pasar de filosofar y educar con sellante, a filosofar y educar con pintura).

9

SABER Y COMPRENDER

Con valentía, con la actitud que trae la seriedad genuina, la filosofía y la educación producen conocimiento. Sin embargo, y como ya veremos, el conocimiento en sí mismo no es suficiente. Necesitamos *comprender*. Más allá de eso, incluso, está la sabiduría.

La palabra "conocimiento", en español, no se refiere a una sola cosa. Existen al menos dos maneras en las que podemos mostrar conocimiento de algo y no son mutuamente excluyentes. No ocurren por separado. Pero hay una diferencia importante y evidente entre el "conocimiento" que tengo del número en mi documento nacional de identidad, por una parte, y el "conocimiento" que tengo de mí mismo, o de mi familia, por otra.

Google está lleno de información, pero no tiene sabiduría, tacto, ni juicio.

Una persona que tiene mucha información no necesariamente es sabia. Estar informado no es exactamente lo mismo que tener sabiduría.

Para ganar juegos como El Tiempo es Oro, o Trivia, no es necesario tener sabiduría. Sólo se requiere información.

Saber datos ciertamente tiene su valor, pero no deberíamos confundir la información general con sabiduría. De hecho, una persona sabia podría no estar bien informada respecto a algo o incluso, en ciertos casos, estar mal informada. Por eso es que tanta gente informada resulta ser poco sabia y mucha gente sabia frecuentemente no está bien informada. El sabio, la persona que ha cultivado sabiduría, es capaz de comprender incluso sin contar con ciertos conocimientos.

Esta es también la razón por la cual mucha gente con títulos universitarios tiene en realidad una educación muy pobre. Después del tiroteo del verano del 2012 en Aurora, Colorado (Estados Unidos), muchos allí se preguntaban "¿Cómo es posible que una persona tan brillante, con tantos años en la escuela, un estudiante de doctorado en neurociencias, sea capaz de cometer un asesinato masivo?"

Vivimos en la Era de la Información, la era de Google y Wikipedia. Sin embargo, aunque la información abunda, la sabiduría escasea. Pareciera que sabemos acerca de muchas cosas, pero en realidad conocemos muy poco. El conocimiento y sus crías, como la ciencia y la tecnología, proliferan en el mundo de hoy, pero la comprensión sabia es más escasa que nunca.

Si lo piensas bien, al momento de morir nadie quiere ser acompañado y consolado por un ingeniero en informática, a menos que tu pareja o familiar sea, por coincidencia, ingeniero en informática. La verdad es que preferiríamos tener a nuestros seres queridos a nuestro lado a la hora de nuestra muerte. Lo que queremos es compasión, no ingeniosidad. Compasión, no erudición. Aunque hoy en día tenemos más sofisticación que nunca en la cura de enfermedades, todo ese progreso es absolutamente incapaz de consolar al que sufre o al que está muriendo.

Por estas razones y más tienes que reconocer y tratar de comprender la diferencia entre conocimiento de información y conocimiento de sabiduría, entre saber acerca de algo y saber algo, los límites del conocimiento y la añadidura del entendimiento.

Hay una frase famosa que se le atribuye a Sócrates: "Conócete a ti mismo". Conócete. A ti mismo.

¿A qué se refiera aquí la palabra "conócete"? ¿Es suficiente saber algo acerca de uno mismo? ¿Estar informado acerca de uno mismo? ¿Puede alguien tener toda la información acerca del "ser" –detalles físicos, árbol familiar, lo que le gusta y no le gusta– y declarar que realmente conoce a ese ser?

No.

Para llegar a conocer a alguien, incluyéndote a ti mismo, tienes que tener más que solo información acerca de ese alguien. Cuando se trata de auto-conocimiento, la información nunca puede reemplazar a la sabiduría. Y la sabiduría requiere comprensión.

Aunque en inglés sólo hay una palabra para hablar de conocimiento (*knowledge*), en español tenemos dos: saber y conocer. Muchos otros idiomas también tienen esa distinción (*Wissen* y *Kennen* en Alemán, *savoir* y *connaître* en Francés).

Resulta importante recordar y mostrar cuál es la diferencia entre los dos términos: `Saber´ se refiere a tener información acerca de algo, de manera más fría y objetiva. Cuando alguien me pregunta si sé dónde está el baño, asumiendo que en realidad sé dónde está, mi respuesta demuestra mi "saber" respecto a la ubicación del baño: "al fondo de este pasillo, a la derecha". También, cuando alguien me pregunta si sé cómo se dice "mitocondria" en inglés, y respondo meneando la cabeza, estoy revelando que no "sé" cuál es la palabra equivalente en inglés. En el primer caso (el baño) estaba informado. En el segundo (la mitocondria) no.

Conocer, es cuando tengo conocimiento acerca de algo (o alguien) de una manera más cálida, substancial y subjetiva. Cuando alguien me pregunta si "conozco" a mi madre, mi respuesta afirmativa muestra que no sólo sé acerca de ella. Saber acerca de ella no equivaldría a conocerla realmente ("nunca la conocí, solo supe algo acerca de ella", alguien podría decir).

De la misma manera, si alguien me pregunta si me conozco a mí mismo, mi respuesta podría revelar mucho respecto a que si lo que digo realmente demuestra conocimiento.

Este tipo de conocimiento es una sabiduría que se extiende más allá del saber y penetra en el ámbito de la comprensión.

No hay nada realmente en el saber que pueda sustituir el conocer. Nadie podría confundir el modo en que aquel que ama conoce a su amor con lo que esa persona sabe acerca de los amantes de una novela.

Saber cosas es importante; no podemos negar eso. Pero la filosofía y la educación, tal como una fuerte corriente submarina, siempre nos llevan más allá del saber, incluso más allá del conocimiento, hacia las profundidades de la comprensión.

Nuestra comprensión de algo puede partir de un saber superficial, pero la filosofía y la educación nos llaman más allá, a la sabiduría del conocer y a la comprensión de lo que hay por debajo de la superficie del conocimiento.

La filosofía y la educación nos llaman hacia el abismo de la sabiduría. Esto ocurre porque nos sentimos atraídos a conocer de maneras más cálidas, más profundas y más sustanciosas. Queremos comprensión y entendimiento. "No sé realmente lo que te está pasando, pero sin embargo te comprendo".

Deseamos más que sólo datos, cifras, nombres y títulos. Nos moriríamos de hambre si solo nos alimentásemos de los datos e información que obtenemos de Google o Wikipedia. Tenemos una sed de sabiduría y entendimiento. Queremos algo más que estar simplemente informados: queremos ser valientes y sabios. Como Cordelia: queremos comprender.

¿Qué es lo que nos lleva de la información a la sabiduría? ¿Cómo puede uno llegar a comprender? ¿Qué nos podría llevar al nutritivo seno de la sabiduría y al fruto del entendimiento? ¿Y qué es lo que ofrece la comprensión, más allá de sí misma?

Amor.

El amor nos atrae hacia la sabiduría y la comprensión, mucho más allá de la información, de las notas, de los títulos, de los sueldos, del "éxito" y de versiones superficiales de la filosofía y de la educación. Lo que nos lleva a la fuente de la sabiduría es el amor y vamos con la esperanza de que la sabiduría, al igual que el arte, nos dará su propia recompensa: amor por amor.

Algunos pensamientos y un ejercicio

Piensa en algo que *sabes*, en algo que *conoces*, y algo que te gustaría *comprender*. En un párrafo breve trata de describir cada uno por separado.

10

MORAR EN EL AMOR

La filosofía es el amor por la sabiduría. El amor que nace de este amor es la educación. Ni más, ni menos. Al final de cuentas, la filosofía y la educación no son algo que se *sepa*, son algo que se *comprende*. La comprensión va más allá del alcance del conocimiento porque requiere más que sólo saber: requiere ser y estar –estar enamorado. Ser en el amor, habitar en él. Morar.

Cuando bebemos de la fuente de la sabiduría somos infundidos con algo más que sólo sabiduría: adquirimos entendimiento. Por medio del entendimiento somos más que sabios filósofos o maestros llenos de sabiduría. Nos volvemos personas; somos personalizados. Nos damos cuenta de que deseamos algo más que sabiduría, más que transitar desde la información hacia la comprensión. Las personas fundamentalmente desean y necesitan amor: amar y ser amados. Es mejor estar enamorado que ser sabio. Sin amor no hay comprensión. Sin amor no hay nada. El desamado sufre la nada.

La verdadera sabiduría no se queda satisfecha consigo misma. Una persona sabia no se conforma con ser sabia. Mi ya difunto abuelito Rocha (que en paz descansa, y a quien este libro va dedicado) comprendió y vivió esto de manera total y absoluta.

No tuvo muchos años de escolaridad, pero era alguien profundamente educado. Al igual que Abraham Lincoln, solo fue a la escuela hasta el tercer grado de primaria.

Era un muy hábil cuenta cuentos. Los cuentos que contaba y re-contaba inundan mi imaginación y mi mente hasta este día. Él también me enseñó matemática elemental, caligrafía, y a hablar y a leer en español. Más importante aún, me enseñó acerca de la vida y del amor, de la alegría sencilla, del perdón y del valor del trabajo. Durante sus últimos días, mi abuelo me enseñó acerca de la dignidad del sufrimiento; me mostró cómo tener una muerte bella y digna.

Él era un hombre sabio, un hombre de increíble entendimiento. Pero no lo voy a recordar ni por su sabiduría ni por su entendimiento: lo voy a recordar por su amor. Su amor fue, es y continuará siendo suficiente. Por su amor, él ha sido y seguirá siendo uno de mis mejores maestros.

Aquí la filosofía y la educación terminan y la vida comienza: en el amor. Aquí también es donde la filosofía y la educación empiezan de nuevo. Sólo el amor mata a la muerte.

El amor en sí mismo es necesario y suficiente para todas las cosas. Todo lo demás es secundario. Sin amor, este libro, esta clase, y esta vida carecerían de sentido. Serían fútiles y en vano. Enamórate. Rechaza todo tipo de desamor.

Mora en el amor y sin duda estarás bien preparado para cualquier cosa que pueda venir en tu camino.

Una última pregunta

¿Qué se puede decir de lo que ha sido *mostrado*?